El reverso del escenario

Otras obras del autor en español

¡Bienvenidos a bordo!, ¿Hay algún autor en la sala?, ¿Hay algún critico en la sala?, 13 y Martes, A corazón abierto, Amores a Ciegas, Apenas un instante antes del fin del mundo, Aviso de paso, Bar Manolo, Batas blancas y humor negro, Bien está lo que mal empieza, Breves del Tiempo Perdido, Cama y Desayuno, Cara o Cruz, Como un pez en el aire, Como una película de Navidad, Crash Zone, Crisis y Castigo, Cuarentena, Cuatro Estrellas, Cuidado frágil, Dedicatoria especial, Denominación de Origen no Controlada, Después de nosotros el diluvio, El cuco, El infierno son los vecinos, El Joker, El olor del dinero, El pueblo más cutre de España, El Rey de los Idiotas, El Último Cartucho, El yerno ideal, Ella y El, Monólogo Interactivo, Encuentro en el andén, Error de la funeraria a tu favor, Escenas callejeras, EuroStar, Flagrante delirio, Foto de Familia, Gay Friendly, Había una vez un barco chiquitito, Jaque Mate, La función no está cancelada, La ventana de enfrente, Los Náufragos del Costa Mucho, Memorias de una maleta, Ménage à 3, Milagro en el Convento de Santa María-Juana, Muertos de la Risa, Ni siquiera muerto, Nochebuena en la comisaría, Nochevieja en la morgue, Plagio, Por debajo de la mesa, Prehistorias grotescas, Preliminares, Pronóstico Reservado, Regreso a la escena, Sin flores ni coronas, Strip Póker, Un ataúd para dos, Un breve instante de eternidad, Un matrimonio de cada dos, Un pequeño asesinato sin consecuencias, Un pequeño paso para una mujer, un salto hacia atrás para la Humanidad, Una noche infernal, Zona de turbulencias.

JEAN-PIERRE MARTINEZ

El reverso del escenario

La Comédiathèque
comediatheque.net

PERSONAJES

Miguel: actor

Valencia: actriz

Gonzalo: diréctor de escena

Adela: directora del teatro

Esmeralda: crítica

Cristina: acomodadora

Ramírez: comisario

Sánchez: ayudante

Ramón: espectador

Teresa: espectadora

Juan Pablo: presidente

Rosita: presidenta

Mauricio: autor

Número posible de actores y actrices: 10 a 13.

La mayoría de los roles pueden ser masculinos o femeninos. Un mismo actor puede interpretar varios roles: espectadores y presidentes, por un lado, director de escena y autor, por otro lado, pueden ser interpretados por la misma persona.

© La Comédiathèque
ISBN 978-2-38602-164-0

Miguel y Valencia están de pie, él en el proscenio y ella un poco más atrás. Parecen abrumados por el destino que los agobia.

Valencia (*con énfasis*) – ¿Qué ves por la ventana, Dimitri?

Miguel se gira hacia la sala y de una manera exagerada y ridícula simula agarrar los barrotes de una ventana imaginaria para mirar afuera.

Miguel – Ya no veo nada, Natacha. El sol ha desaparecido detrás de la colina. Pero creo adivinar en esta negra oscuridad la presencia de los fantasmas que se preparan para perseguirnos.

Valencia – ¿Qué hora es ahora?

Miguel – No lo sé... Mi reloj se detuvo esta mañana.

Valencia – Que no sea un mal presagio.

Miguel – No nos entreguemos a la superstición, Natacha. Debe ser la pila.

Valencia – Estoy un poco nerviosa, perdóname. Tengo la tendencia a sobreinterpretarlo todo...

Miguel (*suspirando*) – ¿Quién podría culparte, Natacha? La noche cae sobre las ruinas de esta ciudad desconocida. Y no estamos seguros de ver amanecer un nuevo día.

Silencio.

Valencia – ¿Y si volvemos a casa, como estaba planeado, Dimitri? Nadie nos obliga a ser héroes. Todavía podemos huir...

Miguel – Ya no lo sé, Natacha. No tengo derecho a exigirte este sacrificio. Pero ¿cómo podríamos, mañana, después de tal cobardía, mirarnos en el espejo mientras nos afeitamos?

Valencia – Tienes razón, Dimitri, como siempre... Seré fuerte, te lo prometo...

Miguel – También tengo miedo, Natacha, lo sabes...

Valencia – ¿Tú?

Miguel – Solo soy un ser humano después de todo. Pero ¿cómo abandonar aquí a todos estos huérfanos que no tienen padres y que una cruel enfermedad también les ha privado de todos sus pobres recuerdos, incluso los de su infancia desdichada?

Valencia – Es cruel decirlo, Dimitri, pero como han perdido la memoria, si los abandonáramos a su triste suerte, nos olvidarían rápidamente también...

Miguel – Sí, Natacha. Pero nosotros no los olvidaríamos. Y el recuerdo de esa traición nos perseguiría para siempre.

Valencia – Claro, es nuestro deber quedarnos a su lado hasta el final, pero tiemblo ante la idea de lo que nos podría pasar... ¿Volveremos algún día a nuestra modesta mansión con vista al mar en Marbella?

Miguel – Irnos o quedarnos... ¡Qué horrible dilema! Y es tan hermosa Marbella en otoño...

Valencia – Todavía hay tiempo de cambiar de opinión, Dimitri. ¿No tenemos ya nuestras tarjetas de embarque?

Miguel saca una tarjeta de embarque de su bolsillo y la mira con expresión cansada.

Miguel – Sí, las imprimí esta mañana, Natacha. Ahora me parece tan insignificante... (*Leyendo*) Easyjet, Terminal Dos B.

Valencia – Dos B... Two B, como se dice en la lengua de Shakespeare...

Miguel – Two B... or not to be. Esa es la pregunta...

Gonzalo, el director, los interrumpe aplaudiendo desde el backstage antes de entrar en escena.

Gonzalo – ¡Bravo! Están completamente metidos en sus personajes.

Valencia – ¿De verdad lo cree?

Gonzalo – Diría más: ¡son sus personajes!

Miguel – Gracias, Gonzalo.

Gonzalo – Van a triunfar esta noche, estoy seguro.

Valencia – Gracias a usted, Gonzalo...

Miguel – Gracias por confiar en nosotros para esta obra.

Valencia – Ser dirigida por Gonzalo de San Petersburgo, el director más de moda y mejor pagado de la escena contemporánea de hoy... Nunca lo hubiera soñado, ni siquiera en mis sueños más locos.

Gonzalo – Se lo merecen... Los elegí por su talento... (*Una pausa*) Solo una pequeña cosa... Y esto va para ambos, de hecho... ¿Cómo se llama esta obra?

Miguel – El día justo antes de la noche...

Gonzalo – Ahí está... Así que el título de la obra no es "La noche justo antes del día", sino "El día justo antes de la noche"... ¿Entienden?

Valencia – Bueno, de hecho...

Gonzalo – Si se llamara La noche justo antes del día, ¡sería una obra optimista! Del tipo... Después de la lluvia viene el buen tiempo... A todo mal le viene bien... Todo lo que no me mata me hace más fuerte... Ese tipo de tonterías, ¿entienden? ¡Pero aquí no!

Miguel – De acuerdo... Así que aquí sería más bien... después del buen tiempo viene la lluvia...

Valencia – O... la calma antes de la tormenta.

Gonzalo – ¡Exactamente! Toda la dimensión dramática de esta obra se resume en su título: ¡El día justo antes de la noche! Y es necesario que se sienta en su actuación esta visión desesperada de la existencia tan característica del alma rusa... ¡Es una tragedia, maldita sea! ¡No estamos en una comedia de bulevar!

Valencia – Claro...

Gonzalo – Aunque también sea una tragedia impregnada de mucho humor, como seguramente ya lo habrán notado.

Miguel – Por supuesto...

Gonzalo – Y es muy importante no pasar por alto este segundo grado en las réplicas. ¡También tenemos que reír!

Valencia – Desde luego...

Gonzalo – Bueno, no digo más. No quiero perturbarlos a minutos del estreno...

Valencia – Gracias por sus consejos, Gonzalo.

Miguel – Seguro que nos ayudará mucho...

Gonzalo – Serán formidables, estoy seguro. ¡Y les conviene! Porque puedo decirles ahora: Mauricio Cortina, el autor, estará en la sala esta noche... Así como Esmeralda Dentadura...

Valencia – ¡La famosa crítica de Teledrama!

Gonzalo – Como saben, ella controla la escena de la capital. Una buena crítica en Teledrama y el éxito de la obra está garantizado. Si nos destroza, en cambio, el fracaso está asegurado... ¡Así que sean buenos!

Gonzalo se va. Los dos actores se miran.

Miguel – ¿Sabías que el autor vendría al estreno?

Valencia – No...

Miguel – Hasta ahora estaba bastante tranquilo, pero ahora empiezo a ponerme nervioso... ¿Tú, no?

Valencia – ¿Porque el autor está en la sala? No...

Miguel – Es porque tú no te acostaste con él para conseguir ese papel.

Valencia – Ah, claro... Entonces, eso explica por qué rechazó mis avances... Eso me tranquiliza sobre mi sex appeal...

Miguel – Hablando de pila, realmente tengo problemas con esa línea, ¿no crees?

Valencia – ¿Qué línea?

Miguel – Te digo que mi reloj se ha detenido, tú me dices que es un mal presagio, y yo te respondo que debe ser la pila. ¿Se supone que es un chiste o algo así?

Valencia – ¿Cómo lo sientes tú?

Miguel – Justo eso... No siento esa línea... ¿Y si no la dijera? Siempre podría decir que tuve un lapsus de memoria...

Valencia – Si empezamos a olvidar todas las líneas que no sentimos en esta obra, el espectáculo durará quince minutos... No digo que la obra de Mauricio Cortina no sea interesante, pero...

Miguel – Es exactamente el problema que mencionó el director antes... ¿Es un drama o una comedia?

Valencia – ¿Realmente crees que podemos ambientar una comedia en Chechenia, en un orfanato cuyos residentes padecen una forma temprana de la enfermedad de Alzheimer?

Miguel – Es cierto...

Valencia – Incluso con mucha ironía, como dice Gonzalo.

Miguel – Esta visión desesperada de la existencia tan característica del alma rusa... (*Irónico*) No sabía que Mauricio Cortina era ruso.

Valencia – Yo tampoco...

Miguel la mira perplejo.

Miguel – ¿Con quién te acostaste tú para conseguir el papel?

Valencia – El director...

Miguel – Gonzalo... Sí, también intenté por ahí al principio, pero no funcionó... Ahora entiendo por qué...

Cristina, la taquillera, llega con una taza de café en la mano.

Cristina (*amablemente*) – Aquí está tu café, Miguel. Dos azúcares, como me pediste.

Miguel – Gracias, cariño. Eres un ángel.

Valencia – Oye, a mí también me vendría bien un cafecito... ¿Puedes traerme uno, Cristina? Sin azúcar, por favor.

Cristina (*sonriendo*) – Vete a la mierda, maldita zorra.

Cristina se va.

Miguel – Siento una ligera tensión entre vosotras... ¿Hay alguna razón en particular?

Valencia – Ella logró acostarse tanto con el director como con el autor.

Miguel – No me digas...

Valencia – Pero fui yo quien consiguió el papel principal, y ella un trabajo de acomodadora.

Miguel – No es muy halagador para su ego, puedo entender...

Valencia – Aunque ella es la que recoge las propinas...

Miguel – Pero cuando dices que se acostó tanto con el director como con el autor, ¿quieres decir... al mismo tiempo o sucesivamente?

Valencia prefiere no responder.

Valencia – ¿Y esta crítica, Esmeralda Dentadura?

Miguel – Tiene la reputación de ser muy dura...

Valencia – Dentadura... ¿Será un apodo...?

Miguel – Vete a saber...

Valencia medita un momento sobre esta información.

Valencia – ¿Repasamos el texto una última vez?

Miguel – Vale.

Valencia recita el mismo texto que antes, pero muy rápidamente, sin entonación y sin moverse.

Miguel – Ya no veo nada, Natacha. El sol ha desaparecido detrás de la colina. Pero creo adivinar en esta negra oscuridad la presencia de los fantasmas que se preparan para perseguirnos.

Valencia – ¿Qué hora es ahora?

Miguel – No lo sé... Mi reloj se detuvo esta mañana.

Valencia – Que no sea un mal presagio.

Miguel – No nos entreguemos a la superstición, Natacha. Debe ser la pila. (*Interrumpiéndose*) No, realmente me cuesta con esta línea...

Adela, la directora del teatro, llega acompañada de la crítica Esmeralda Dentadura.

Adela – ¿El autor no está con ustedes? Lo estoy buscando por todas partes desde hace un cuarto de hora...

Valencia – Lo siento, no lo hemos visto...

Adela – ¿Conocen a Esmeralda Dentadura, la famosa crítica de Teledrama?

Miguel – Quién no conoce el agudo sentido crítico de la señora Dentadura...

Esmeralda estornuda.

Esmeralda – ¿Hay mucho polvo aquí? ¿Nunca han pensado en darle una buena barrida?

Adela – Ah... Cuando se es alérgico al polvo, es mejor no ser crítico de teatro.

Esmeralda – Sobre todo no de teatro contemporáneo... Es paradójico, querida amiga, pero los grandes autores del repertorio clásico a menudo huelen mucho menos a polvo que los autores de hoy en día... Tomen a Shakespeare, por ejemplo. ¡Siempre tiene una increíble modernidad! Pero, ¿se seguirán representando las obras de Mauricio Cortina dentro de quinientos años?

Adela – La señora Dentadura hubiera querido entrevistar al autor de la obra antes del espectáculo...

Miguel (*a la crítica*) – Miguel Delamar... Interpretaré el personaje de Dimitri...

Esmeralda – Señor Delamar... Encantada de conocerlo. Solo lo conocía por esa lamentable serie en la tele... ¿Cómo se llamaba ya? ¿La Confitura y las Moscas?

Miguel – El Miel y las Abejas.

Esmeralda – En la televisión, parecía más alto...

Miguel – Y esta es mi compañera, que interpreta el papel de Natacha...

Valencia – Valencia Simpson, muy honrada, señora Dentadura...

Esmeralda – Su rostro me resulta familiar, señorita Simpson, pero no logro recordar...

Valencia – ¿En serio...? Y yo que me creía inolvidable...

Esmeralda – Seguro que también la vi en la televisión... En un dibujo animado, quizás...

Valencia – Debe haberme visto en un anuncio...

Esmeralda – ¡Claro! Ahora recuerdo... ¡Para el papel higiénico!

Valencia – Me siento muy halagada de que haya seguido mi carrera artística con tanta atención...

Esmeralda – Entonces, ¿decidió cambiar el papel higiénico por los textos de teatro contemporáneo? A veces nos preguntamos si no sería mejor editarlos en ese tipo de papel...

Valencia – Tuve ganas de asumir nuevos desafíos...

Esmeralda – Estoy impresionada, señorita. Habla como un ejecutivo que acaba de aceptar un puesto para exportar hielo en Alaska.

Valencia – Una verdadera artista debe tomar riesgos, ¿no es así? Cuestionarse constantemente. Con esta obra, siento que me comprometo plenamente al servicio del teatro actual y contribuyo a edificar a las masas trabajadoras que la sociedad capitalista intenta embrutecer aún más gracias a la televisión.

Esmeralda – Después de todo, ¿por qué no usted? Todos hacen teatro ahora. Incluso los futbolistas retirados.

Adela – Es verdad que es más difícil para un actor retirado lanzarse a una carrera de futbolista profesional...

Esmeralda – Y además, ¡se permiten darnos lecciones morales! Han ganado salarios indecentes en sus clubes de fútbol, preferiblemente extranjeros, durante años, siguen llenándose los bolsillos haciendo anuncios para aseguradoras y bancos, y actúan en obras que critican los vicios del sistema capitalista...

Adela – La vejez es un naufragio... Si Che Guevara estuviera vivo hoy, ¿quién sabe si no estaría haciendo anuncios para sillas salvaescaleras?

Esmeralda – Tocas fondo, querida Adela.

Adela – ¿Perdón?

Esmeralda – Quiero decir, el fondo del problema. ¡Ahí está la verdadera tragedia de la condición humana! ¡El hombre vive demasiado tiempo! Y la medicina se empeña en hacerlo vivir unos meses más cada año. Después de los treinta, solo se puede repetir o caricaturizar. Todos los artistas dignos de ese nombre deberían haber muerto a los treinta, créanme. Sin mencionar a los demás...

Cristina, la acomodadora, regresa con una expresión catastrófica.

Cristina – Es espantoso, Señora Directora... Ha ocurrido una terrible desgracia...

Esmeralda – Esta niña, en cambio, interpreta muy bien. Le auguro una gran carrera... ¿En qué obra está participando en este momento?

Adela – Es la acomodadora, Esmeralda... También ella soñaba con hacer teatro, pero no logró pasar la prueba del casting... ¿Qué pasa, mi niña? ¡Habla sin miedo!

Cristina – ¡Mauricio Cortina!

Adela – ¿El autor? Bueno, ¿y qué, pequeña?

Cristina – Acabo de encontrarlo.

Adela – ¡Ah, por fin!

Cristina – Estaba encerrado en los baños.

Miguel – El miedo, tal vez... A mí mismo, a menudo me da náuseas antes de un estreno.

Esmeralda – Viendo las obras en las que ha actuado hasta ahora, no me sorprende mucho, mi joven amigo...

Cristina – No lo entienden... ¡El señor Cortina está muerto!

Adela – ¿Muerto? ¿Qué quieres decir con muerto exactamente?

Cristina – Acabo de encontrarlo ahorcado en los baños.

Adela – ¿Cortina? ¿Ahorcado?

Cristina – Se ahorcó con el cordón de la cisterna, Señora Directora. Créame, es un espectáculo espantoso de ver...

Esmeralda – Y sin embargo, como acomodadora en un teatro, debió de haber visto muchos.

Adela – ¿Muchos autores ahorcados en los baños?

Esmeralda – ¡Muchos espectáculos espantosos!

Adela – Ah, sí, claro...

Esmeralda – Aun así... Un autor que se suicida minutos antes de levantar el telón para su estreno... ¡Qué elegancia! ¡Aquí tenemos a un verdadero artista!

Cristina – Lamentablemente, no estoy segura de que sea un suicidio...

Esmeralda – ¿Y usted cree que es más bien... un accidente doméstico?

Cristina – El señor Cortina tiene las manos atadas detrás con cinta adhesiva.

Adela – Claro, eso cambia todo...

Esmeralda – Parece que estamos en uno de esos melodramas que solían representarse en el siglo pasado...

Miguel – ¡Un asesinato! ¡Pero es horrible!

Valencia – Y el criminal podría estar entre nosotros... ¡Hay que avisar a la policía!

Adela – Me encargo yo...

Miguel *(entregándole su teléfono)* – Puede utilizar mi móvil. Sé que no tiene celular...

Adela – Llamaré con el viejo teléfono de disco que tengo en mi polvorienta oficina. Para advertir la policía de un crimen, será todavía más teatral...

Adela sale, seguida de Cristina. Gonzalo llega.

Gonzalo – Ah, Señora Dentadura, espero que no haya venido a asesinarnos...

Esmeralda – En lo que respecta al autor de la obra, mi querido Gonzalo, parece que alguien más ya se ha encargado de eso por mí...

Gonzalo – ¿Pero qué dice? ¿Y qué cara están poniendo...? ¿Qué pasa? Estamos a punto de levantar el telón...

Miguel – Justamente... La acomodadora acaba de encontrar a Mauricio Cortina ahorcado en los baños.

Gonzalo – ¿Es una broma?

Valencia – Lamentablemente, no, Gonzalo...

Gonzalo – Entonces, ¿es por eso que los baños estaban ocupados desde hace tanto tiempo? Quería ir, y me preguntaba quién podría... ¿Mauricio Cortina se suicidó?

Esmeralda – Aparentemente, más bien se trataría de un asesinato...

Valencia – Aunque la hipótesis de un accidente laboral aún no está del todo descartada...

Miguel (*escéptico*) – ¿Ahorcado con la cadena del inodoro, con las manos atadas detrás con cinta adhesiva?

Gonzalo – También me preguntaba dónde había ido a parar mi rollo de cinta adhesiva... Pero ¡es espantoso! Entonces, ya no nos queda más que cancelar la representación...

Valencia – ¿No vamos a actuar?

Gonzalo – ¿Cómo quieren representar una obra mientras el autor sigue balanceándose al final de la cuerda del inodoro con la que acaba de ahorcarse?

Miguel – O de ser ahorcado...

Esmeralda – ¡Ah, no van a cancelar! Ya había escrito mi crítica para adelantarme un poco...

Gonzalo – Aparentemente, ha trabajado en vano.

Esmeralda – Eso me pasa por ser tan consecuente...

Gonzalo – Espero al menos que la crítica no haya sido muy mala...

Esmeralda – Tranquilícese, la directora es muy amiga de un diputado que puede conseguirme la medalla de las Artes y las Letras... No voy a destrozar las obras que se representan en su teatro.

Gonzalo – También me sorprendía que hubiera venido en persona... Sabemos bien que los críticos rara vez asisten a los espectáculos sobre los que escriben.

Esmeralda – No me volverá a suceder... Por una vez escribía una crítica elogiosa, ¡y no podré publicarla!

Miguel – No se preocupe, Señora Dentadura... Si publica una crítica sobre un espectáculo que no ha tenido lugar, creo que nadie lo notará...

Valencia – Y si además es una buena crítica, nadie se quejará.

Gonzalo – De todos modos, nadie va al teatro.

Esmeralda – Y especialmente los lectores de Teledrama... Hace mucho que ya no miran el teatro más que en la televisión...

Gonzalo – Que se vayan a colgar con la cuerda de su inodoro durante el descanso publicitario...

Esmeralda – ¿Sabe, mi querido Gonzalo, por qué la palabra cuerda nunca debe ser pronunciada en un teatro?

Gonzalo – Lo ignoraba hasta ahora, pero empiezo a tener una pequeña idea...

Esmeralda – Bueno, en realidad, hay varias teorías sobre el origen de esta superstición... La primera es que los saltimbanquis de antaño a menudo eran muy pobres, hasta pasar hambre...

Gonzalo – Y de hecho, eso no ha cambiado mucho para muchos de ellos...

Esmeralda – Así que a menudo les ocurría robar una gallina.

Gonzalo – Hoy en día, a menudo son las gallinas las que los alimentan...

Esmeralda – Lo que significa que después de pisar las tablas de un teatro, no era raro que los actores de la época terminaran pisando las de un cadalso... con una cuerda al cuello. La segunda supuesta origen de esta superstición está más bien relacionado con...

Cristina vuelve.

Cristina – Los espectadores ya están aquí... ¿Qué hacemos?

Miguel – De todos modos, no podemos representar la obra como si nada. ¡Con el cadáver del autor en el baño!

Gonzalo – Podríamos rendirle homenaje justo antes de levantar el telón... Puedo improvisar un pequeño discurso...

Esmeralda – ¿Era un amigo cercano?

Gonzalo – Dije que podía improvisar...

Esmeralda – Bueno, en ese caso, también me pondré a redactar su obituario. Lo publicaré al mismo tiempo que la crítica que elogiará el estreno de su obra que no he visto...

Gonzalo y Esmeralda salen.

Valencia – Y yo que iba a hacer mi debut como joven actriz esta noche en el escenario... Vaya manera de empezar mi carrera teatral...

Miguel – Veamos las cosas de manera positiva... No tendremos que actuar en esa lamentable obra... Si no necesitara ese dinero para pagar mi alquiler, confieso que para mí sería casi un alivio...

Valencia – Lo peor es que me acosté con el director por nada.

Miguel – ¿No fue un buen polvo?

Valencia – En realidad, no lo sé muy bien. Me quedé dormida antes de que terminara... Bueno, no vamos a quedarnos aquí plantados...

Miguel – Volvamos a nuestro camerino mientras averiguamos qué está pasando...

Están a punto de salir.

Valencia – ¿Y el autor? ¿Era bueno en la cama?

Miguel – Fenomenal...

Valencia – No es lo que me dijo la acomodadora.

Miguel – Tal vez no supo por dónde tomarlo...

Valencia – Seguramente por eso se quedó como acomodadora...

Valencia y Miguel salen juntos. Llegan Adela, la directora del teatro, y Cristina, la acomodadora.

Adela – ¿No lo han descolgado, al menos?

Cristina – ¿El teléfono?

Adela – ¡El ahorcado! ¿Sabes que en estos casos no hay que tocar nada antes de la llegada de la policía? Al menos es lo que dicen en todas las series policíacas de televisión...

Cristina – Lo dejé donde está, tranquilícese... Pero es cierto que si tenemos ganas de ir al baño...

Adela – ¡Pues te aguantas, chiquilla! O vete al cine de al lado. Hay baños en el vestíbulo... ¿Dónde está Dentadura?

Cristina – La vi echándole un vistazo a los camerinos mientras los actores se cambiaban...

El Comisario Ramírez y su ayudante Sánchez llegan (Ramírez y Sánchez pueden ser tanto hombre como mujer).

Adela – ¿Qué hacen aquí ustedes? ¿Entraron por la puerta trasera?

Cristina (*al público*) – Entrar por la puerta trasera... Me pregunto si no debería haber hecho eso para conseguir el papel principal en esta obra...

Ramírez – No se preocupen, somos de la casa... A nosotros también nos gustan las comedias policíacas... (*Muestra su placa tricolor*) Comisario Ramírez, y este es mi ayudante Sánchez...

Adela – Lo siento, Comisario... Los había tomado por espectadores perdidos... Hay un cine porno justo al lado, y algunos clientes se equivocan de puerta. De hecho, constituyen una parte no despreciable de nuestra clientela. (*Estrechando la mano del comisario*) Adela Nevera, soy la directora de este teatro.

Ramírez (*estrechando su mano*) – Ah sí, se nota de inmediato que es una mujer que sabe mantener la calma. Tiene la mano helada...

Adela – Perdóneme este malentendido, Comisario... Se nota de inmediato que usted no es el tipo de hombre que frecuenta los cines porno.

Ramírez echa un vistazo a su alrededor.

Ramírez – Así que este es el teatro del crimen... ¿Has ido al teatro alguna vez, Sánchez?

Sánchez – Bueno... Mi abuelos a veces me llevaban a ver espectáculos de marionetas cuando era pequeño...

Ramírez – ¡Pero no, Sánchez! ¡Estoy hablando del teatro, el verdadero! Shakespeare, Molière, Martínez...

Adela – No hemos tocado nada, comisario. El cuerpo está en los baños. Si es tan amable de...

Ramírez – Ve a echar un vistazo, Sánchez. Y averigua si la víctima tiró de la cadena antes de atarse las manos con cinta adhesiva y ahorcarse con la cuerda de la cisterna.

Sánchez – Y si no lo hizo, ¿comisario?

Ramírez – ¡Pues recoge las heces y envía las al laboratorio! (*A Adela*) Hay que enseñarles todo...

Adela – La acomodadora lo llevará...

Ramírez – ¡Y no olvide la propina, Sánchez!

Sánchez – No estoy seguro de tener cambio...

Cristina – Por aquí, por favor...

Cristina sale, seguida por Sánchez. Ramírez se ríe.

Ramírez – Este buen Sánchez... Está empezando en el oficio... Lo estoy gastando un poco...

Adela – Imagino que quiere interrogar a los diferentes protagonistas de este drama...

Ramírez – ¿Ah, porque es un drama? Le confieso que tengo una pequeña preferencia por la comedia. Con mi trabajo, ¿entiende?, si es para encontrarme con cadáveres en el escenario cuando salgo los sábados por la noche con mi esposa...

Adela – Hablaba del asesinato, comisario.

Ramírez – Por supuesto...

Adela – En fin, si realmente se trata de un asesinato...

Ramírez – Mmm... No fue usted quien lo mató, ¿verdad, Adela?

Adela – ¿Yo, comisario?

Ramírez – Sabe, cuando una se llama Adela... ya está en la mira de la justicia. Siempre hablan del delito de mala apariencia, pero también hay nombres, como el suyo, que son conocidos desfavorablemente por la policía, por así decirlo.

Adela – ¿Mi nombre?

Ramírez – Si supieran cuántas Adela he detenido en mi carrera como asesinas en serie o exhibicionistas.

Adela – ¿De verdad?

Ramírez – Por lo general, las Adela son pervertidas narcisistas, y es una regla que sufre muy pocas excepciones, créame, por mi experiencia…

Adela – Le aseguro, comisario, que mi expediente judicial está totalmente limpio. Al igual que yo, por cierto.

Ramírez – ¡Pero bromeo, Adela!

Adela – Me asustó, comisario.

Ramírez – Bueno, quizás sea más habladora cuando Sánchez la haya interrogado. ¿Alguna vez le han golpeado en la cabeza con el directorio telefónico, Señora Nevada?

Adela – Nevera… Pero pensé que ese tipo de métodos ya no se usaba en la policía…

Ramírez – Yo, más bien, estoy a favor de la ternura y la psicología. Pero en todos los trabajos, hay quienes prefieren seguir trabajando a la antigua… Incluso entre nuestras nuevas incorporaciones. ¡La fe de los recién convertidos!

Adela – Pero le juro, comisario, que…

Ramírez – ¡Bromeo, Adela! Para ser una mujer de teatro, no tiene mucho sentido del humor, dígame. El humor es importante, ya sabe… Especialmente cuando se hace un trabajo como el suyo. Como el mío también, por cierto…

Adela – Perdóneme, estoy un poco desconcertada. Con todo lo que acaba de caerme encima…

Ramírez – ¿Y la crítica? ¿Está segura de que no está involucrada?

Adela – ¿Por qué haría algo así?

Ramírez – Los críticos suelen asesinar a los autores, ¿verdad? (*Adela está nuevamente desconcertada.*) Ah, la volví a atrapar, Adela... Entonces, ¿dónde están los cómicos?

Adela – ¿Los cómicos?

Ramírez – ¡Los actores!

Adela – Les enviaré inmediatamente, Comisario. ¿Desea un café o algo para levantarle el ánimo?

Ramírez – ¿No tendrá un poco de cocaína en cambio? Sé que en el mundo del espectáculo, es un producto de consumo común. Estuve en la brigada antidrogas antes. De hecho, fue allí donde adquirí este mal hábito. Estoy intentando dejarlo, pero ya sabe cómo es…

Adela (*sonriendo*) – Ah, no, comisario, esta vez no lo conseguirá…

Ramírez – ¿Perdón?

Adela – Está bromeando, ¿verdad?

Ramírez (*muy serio*) – ¿Parece que estoy bromeando, Adela?

Adela – Voy a averiguarlo, pero no le prometo nada…

Adela sale. Ramírez se ríe.

Ramírez – Adela…

Quedándose solo, Ramírez se acerca al frente del escenario, asumiendo posturas.

Ramírez (*teatral*) – Ser o no ser…

Miguel llega por detrás.

Miguel – ¿Conoce la obra, comisario?

Ramírez se voltea sorprendido y un poco incómodo.

Ramírez – ¿Quién no conoce esa obra?

Miguel – Mauricio Cortina era un gran autor. Su desaparición nos deja a todos huérfanos…

Ramírez – Cortina?

Miguel – ¡El autor de la obra que estábamos a punto de representar esta noche! Y que acaban de encontrar ahorcado con la cuerda de la cisterna.

Ramírez – Cortina, claro…

Miguel – Está aquí para investigar este drama, ¿verdad, Comisario?

Ramírez – Y es un caso que me tomo el honor de resolver en el menor tiempo posible, querido amigo. Así que, ¿usted es actor?

Miguel – Sí, Comisario.

Ramírez – Pero el teatro, ¿es realmente su ocupación principal o... tiene otro trabajo real aparte?

Miguel – El teatro es ante todo una pasión, ya sabe...

Ramírez – Yo también hice un poco de arte dramático cuando estaba en la secundaria. Por cierto, eso me ha servido mucho en mi oficio. En fin, solo soy un aficionado...

Miguel – No, no, pero... Se nota que tiene muy buena presencia en el escenario.

Ramírez – ¿En serio?

Miguel – Absolutamente. También un gran potencial cómico.

Ramírez – Viniendo de un verdadero profesional, eso me conmueve mucho...

Miguel – Y permítame agregar: una dicción excelente.

Ramírez – ¡Ah, la dicción! Muy importante la dicción. (*Sobrearticulando*) El perro de San Roque no tiene rabo, porque Ramón Ramírez se lo ha robado.

Miguel – Papá bebe en los pinos, papá pinta en los bosques, en los bosques papá bebe y pinta.

Ramírez – Si seiscientas sierras cortan seiscientos cigarros, seiscientos seis sierras cortarán seiscientos seis cigarros.

Miguel – Dime, manzanita, ¿cuándo te desmanzanizarás? Me desmanzanizaré cuando todas las manzanitas se desmanzanizen. Pero como todas las manzanitas nunca se desmanzanizarán, la manzanita nunca se desmanzanizará.

Ramírez, impresionado, está a punto de continuar antes de renunciar.

Ramírez – Sí, bueno, volvamos a nuestros asuntos... Nombre, apellido, estado civil, profesión...

Miguel – Delamar Miguel, soltero, actor.

Ramírez – Entonces, señor Delamar, ¿qué puede decirme sobre la víctima? ¿Era autor de teatro, verdad?

Miguel – Un inmenso autor, Comisario.

Ramírez – ¿Sabe si el Señor Cortina llevaba una vida disoluta, como la mayoría de sus congéneres dramaturgos?

Miguel – No que yo sepa, Comisario.

Ramírez – ¿Adicciones particulares? Heroína, cocaína, cocacolaína...

Miguel – No lo creo...

Ramírez – ¿Amantes? ¿Una mujer engañada que podría haber querido vengarse de sus infidelidades?

Miguel – Creo que puedo afirmar que Mauricio Cortina no era un mujeriego.

Ramírez – ¿Y qué le hace pensar a usted, Delamar, que este caballero no estaba interesado en el asunto?

Miguel – No he dicho que Mauricio Cortina no estuviera interesado en el asunto, Comisario. Dije que no perseguía faldas.

Ramírez – No trate de confundirme, ¿eh? ¿Usted era el cornudo, tal vez?

Miguel – Sí, se podría decir así...

Ramírez – ¿Cuándo y dónde vio a la víctima por última vez?

Miguel – Bueno... Creo que fue para una primera lectura de su obra. En un motel de los suburbios. Motel Paraíso. Habitación 69. Hace aproximadamente un mes, alrededor de las dos de la mañana.

Ramírez – Entonces, usted no es la última persona que vio a Mauricio Cortina con vida.

Miguel – A lo mucho, podría ser la última persona que lo vio en calzoncillos...

Ramírez – Una última pregunta, Señor Delamar. Y le ruego que responda sin rodeos esta vez...

Miguel – Lo escucho, Comisario.

Ramírez – ¿Según su conocimiento, el Señor Mauricio Cortina tenía un buen seguro de vida?

Miguel – No lo sé, Comisario. ¿Cree que eso podría ser el motivo del crimen?

Ramírez – Qué idea tan extraña... No, es solo que yo mismo tengo una pequeña herencia que colocar, y me pregunto si debo optar por bienes raíces o por un producto de ahorro... ¿Qué piensa usted?

Miguel – La propiedad sigue siendo la mejor inversión a largo plazo, Comisario. Siempre será como quién dice la inversión ideal para un buen padre de familia.

Ramírez – Tiene razón... Creo que al final, invertiré en un panteón familiar. Gracias por su ayuda, Señor Delamar. Eso es todo por ahora. ¿Puede enviarme a su compañero?

Miguel – Me lo envío de inmediato, Comisario. Quiero decir... se lo envío de inmediato.

Ramírez – Ah, tendrá que trabajar más en su dicción, querido amigo. ¿Cuánto cuestan estos seis chorizos? Cuestan seis euros estos seis chorizos. Seis euros cuestan estos seis chorizos...

Miguel (*interrumpiéndolo*) – Tarro de manteca, ¿cuándo te desmantecarás? Me desmantecaré cuando todos los tarros de manteca...

Ramírez (*interrumpiéndolo*) – Sí, bueno, ya basta de bromas...

Miguel se va. Sánchez regresa.

Sánchez – Descolgué al ahorcado, Comisario.

Ramírez – ¿Antes de la llegada de la policía científica?

Sánchez – No es muy profesional, lo sé, pero al menos podremos usar los baños...

Ramírez – Tienes razón. Qué idea también la de ahorcarse en un lugar así... ¿Y qué hiciste con el cuerpo?

Sánchez – Lo colgué en una percha, en los vestuarios, con los trajes de la obra... ¿Siempre está considerando la posibilidad del suicidio, Comisario? Aunque la víctima tuviera las manos atadas detrás...

Ramírez – Conocí a un contorsionista una vez que se suicidó estrangulándose con sus propios dedos de los pies mientras tenía las manos esposadas al radiador de mi oficina...

Sánchez – Para hacer pasar esto como un crimen cometido por policías corruptos, supongo...

Ramírez – Hay que desconfiar de las apariencias, Sánchez. Es lo básico en nuestro trabajo. Detrás de cada contorsionista puede haber un izquierdista dispuesto a todo para manchar el honor de la policía.

Sánchez – Tiene razón, Comisario...

Ramírez – Bueno, entonces, ¿cuáles son tus conclusiones, Sánchez?

Sánchez – Pienso como usted, Comisario. Mucha gente nos odia, aunque arriesguemos nuestras vidas cada día para asegurar la seguridad de nuestros conciudadanos...

Ramírez – Hablaba de la víctima, Sánchez. ¿Cuáles son tus observaciones?

Sánchez – Al parecer, la muerte fue consecuencia del ahorcamiento. Quiero decir que Cortina aún estaba vivo antes de ahorcarse.

Ramírez – O ser ahorcado, Sánchez. Cuidado, sin conclusiones apresuradas.

Sánchez – Sin embargo, el hombre no parece haber resistido. La cinta adhesiva utilizada para atarle las manos, en cambio, resistió muy bien. Me gustaría conocer la marca para tener la misma en la oficina.

Ramírez – Envía una muestra de la cinta adhesiva al laboratorio, seguramente nos encontrarán la marca. Es cierto que conseguir cinta adhesiva de calidad hoy en día es muy difícil.

Sánchez – Otro detalle que podría ser importante, Comisario: la cuerda con la que Cortina se ahorcó es azul...

Ramírez – Una cuerda azul, ya veo... ¿Y qué conclusión sacas tú?

Sánchez – Ninguna, Comisario.

Ramírez – ¿Algo más, Sánchez?

Sánchez – No... Bueno sí. Cortina tenía los pantalones bajados hasta las rodillas. ¿Extraño, no?

Ramírez – ¿Usted no baja sus pantalones cuando va al baño, Sánchez?

Sánchez – Sí... Pero no cuando voy al baño para suicidarme.

Ramírez lo mira, intrigado.

Ramírez – ¿Y cuántas veces lo intentaste ya, Sánchez?

Sánchez – ¿Cómo dice, Comisario?

Ramírez – Ya sabe, si tienes problemas personales, puedes hablar conmigo. Soy tu jefe, cierto, pero también tu amigo. ¡Qué digo, casi tu padre!

Sánchez – Ah, no, pero me refería a que si quisiera suicidarme, y fuera al baño para eso, ciertamente no bajaría mis pantalones...

Ramírez – Me tranquiliza, Sánchez...

Sánchez – De hecho, si quisiera suicidarme, usaría mi arma de servicio, como hacen los colegas. Es mucho más viril, ¿no es cierto Comisario? El ahorcamiento es más bien cosa de mujeres, ¿verdad?

Valencia llega.

Ramírez – Vete a ahorcar a otro lado, Sánchez. Debo ocuparme de la señorita. Y de paso aprovecha para tomar la declaración del Señor Delamar a quien acabo de interrogar. Pero te advierto, este tipo no me parece muy sincero. Un consejo, Sánchez, nunca le des la espalda...

Sánchez se va.

Ramírez – Ahora nos toca a nosotros dos, Valencia. ¿Le importa que la llame Valencia?

Valencia – Por supuesto, Comisario.

Ramírez – Primero, una pequeña pregunta sobre su nombre, precisamente. Algo me intriga, Valencia... ¿Tiene relación con la ciudad?

Valencia – ¿La ciudad?

Ramírez – ¡La ciudad de Valencia! No, porque también yo soy originario de allí, imagínese. Eso nos daría al menos un punto en común...

Valencia – ¿Usted, Comisario Ramírez, es originario de Valencia?

Ramírez – Perdí el acento de la región, lo sé... Pero dejé Valencia a los dieciocho años para unirme a la Legión... De hecho, fue en ese momento que opté por este nuevo apellido de Ramírez para confundir las pistas... Mi verdadero nombre es Roberta Zimmerman. Pero esa es otra historia. ¿Y usted?

Valencia – Soy de origen inglés, Comisario...

Ramírez – Valencia Simpson, por supuesto...

Valencia – En Inglaterra, Valencia es un nombre muy común...

Ramírez – ¿Quién sabe por qué? Sin embargo, no hay ninguna ciudad llamada Valencia en Gran Bretaña... En fin, volvamos al asunto que nos ocupa... ¿Conocía personalmente a la víctima?

Valencia – Me encontré con él una o dos veces...

Ramírez – ¿En el motel Paraíso, tal vez?

Valencia – Lo siento, pero no frecuento los moteles... ¿Qué piensa usted de mí, Comisario?

Ramírez – ¡Vamos! Todo el mundo sabe que en el mundo del espectáculo reina cierto relajamiento de las costumbres, y se dice que las actrices son de moral ligera... ¿Sería usted la única que nunca se ha acostado para conseguir un papel...

Valencia – He dicho que no frecuento los moteles, Comisario. No he mencionado los hoteles de lujo.

Ramírez – Entonces, ¿me confirma que nunca fue amante del Señor Cortina?

Valencia – Si me permite, Comisario, estaba yo muy fuera de su alcance... Antes de hacer teatro, fui una estrella de la pequeña pantalla...

Ramírez – La adoré en ese anuncio de papel higiénico. Por cierto, si me lo permite, a mi vez... (*Saca un bolígrafo*) ¿Podría pedirle un autógrafo? Es para mi madre. Nunca se pierde su participación en ese anuncio publicitario en la televisión.

Valencia – Por supuesto, adelante...

Sánchez irrumpe de nuevo.

Ramírez – Sí, Sánchez...

Sánchez – Disculpe la interrupción, Comisario, pero acabo de hacer un descubrimiento interesante...

Sánchez le entrega a Ramírez un rollo de papel higiénico.

Ramírez – ¿Qué es esto?

Sánchez – El papel higiénico... El que estaba en los baños donde encontramos a Mauricio Cortina ahorcado...

Ramírez – ¿Qué quieres que haga con esto, Sánchez? Estás viendo que estoy ocupado...

Sánchez – Mauricio Cortina tenía una bola de papel higiénico en la boca cuando lo encontramos muerto. Probablemente para evitar que gritara...

Ramírez – ¿Y entonces?

Sánchez – Bueno... El papel higiénico utilizado para amordazar al autor es de la misma marca que aquel por la cual la señorita hizo publicidad en la televisión hace unos diez años...

Valencia – Un poco menos que eso, de hecho... Y casi era una niña...

Ramírez – ¿Y qué conclusiones sacas de esto, Sánchez?

Sánchez – Ninguna... Pero pensé que este detalle podría interesarle, Comisario... Siempre me ha dicho que en una investigación no se debe pasar por alto ningún detalle...

Ramírez – Pero me interesa, Sánchez, me interesa mucho... Gracias, puedes retirarte ahora...

Sánchez sale.

Valencia – No es sorprendente que esta marca de papel esté presente en los baños del teatro, Comisario. El fabricante es el patrocinador oficial de nuestro espectáculo.

Ramírez – Pero es muy generoso de su parte apoyar así la creación teatral contemporánea.

Valencia – Por supuesto, para agradecerle, colocamos sus productos en un lugar destacado, por así decirlo. Al igual que los libros de las Ediciones Papeles, que publicaron la obra de Mauricio Cortina y que el autor debía firmar después de la función...

Ramírez – Pero es inesperado, querida amiga... ¿Aceptaría firmarme el autógrafo directamente en este papel? Regalaré el rollo a mi madre en Navidad, es el mejor regalo que le puedo hacer.

Valencia firma en el rollo de papel.

Valencia – Y aquí está, Comisario...

Ramírez – Muchísimas gracias, Valencia... No la molestaré más con mis preguntas...

Valencia – Gracias, Comisario.

Ramírez – ¿Me permite escoltarla hasta su camerino donde imagino que desea desvestirse, ya que la función ha sido cancelada...?

Valencia – Con gusto, Comisario.

Ramírez – Aprovecharé para explorar un poco el lugar...

Valencia – Me ofrezco como su guía. ¿Por dónde le gustaría comenzar la visita?

Ramírez – ¿Por qué no por los baños? Acaban de quedar libres...

Valencia – Sígame, Comisario...

Salen. Sánchez llega y se encuentra con Cristina, quien también llega, muy preocupada.

Cristina – Es una catástrofe... Todos los espectadores ya están aquí... Si tenemos que cancelar la función, ¿qué les diremos? Va a haber un motín...

Sánchez – ¿Quiere que llame a uno o dos autobuses de las fuerzas antidisturbios para dispersarlos?

Cristina – No creo que sea necesario, después de todo... ¿No se ha cruzado con el comisario?

Sánchez – Justamente, lo estoy buscando...

Cristina – Creo que el comisario quería interrogar a los espectadores. Están aquí, justo al lado...

Sánchez – ¿Todos?

Cristina – ¿Debería hacerlos entrar?

Sánchez – Adelante, yo me encargaré.

Cristina – Por aquí, por favor.

Ramón y Teresa llegan, con una apariencia muy popular.

Sánchez – ¿Solo son dos?

Cristina – Es teatro subvencionado, ya sabe... Los espectadores son una especie en peligro de extinción...

Sánchez – Parece que son una pareja... ¿Queremos ponerlos en una jaula en la comisaría para ver si logran reproducirse en cautiverio?

Cristina – Hay otros dos, pero pensé que preferiría empezar interrogando a los espectadores que pagaron. Ellos son los primeros sospechosos, ¿no?

Sánchez – Ah, sí, ¿y por qué?

Cristina – Entre nosotros, ¿quién querría pagar por ver una obra así?

Sánchez – ¿Cuál es el título, por cierto?

Cristina – "El día justo antes de la noche".

Sánchez – Es verdad, no es muy atractivo...

Cristina – Los dejo con usted...

Cristina se va. Sánchez examina a los dos espectadores.

Sánchez – ¿Y quieren hacerme creer que les interesa el teatro contemporáneo?

Ramón – No, ¿por qué?

Sánchez – ¿Cómo que no? Ustedes vinieron a ver una obra llamada "El día justo antes de la noche" ¿no?

Teresa – ¡Para nada! Íbamos al cine porno de al lado a ver una película llamada "La Flauta Mágica".

Ramón – Debimos haber confundido de sala, ¿verdad Teresa?

Teresa – Pero, ¿qué es esta obra que están representando aquí?

Ramón – ¿Es una comedia?

Teresa – No, porque nosotros, las obras complicadas y todo eso...

Sánchez – Bueno, no sé si escucharán a la Flauta Mágica, pero de todas formas, no van a escuchar los tres golpes. La función se cancela por un asesinato.

Ramón – Sí, pero ahora nos perdimos el comienzo de la película.

Teresa – No vamos a entender nada.

Sánchez – Bueno, lárguense antes de que me enfade... Los acompañaré hasta la salida, para asegurarme de que esta vez no se equivoquen de puerta...

Teresa – ¿Puedo usar el baño antes de irme?

Sánchez – Si quieres, pero te lo desaconsejo... La última persona que los usó no salió con vida...

Ramón y Teresa se van, escoltados por Sánchez. Adela y Gonzalo llegan.

Adela – Presentía que algo iba mal con esta obra... No sé por qué...

Gonzalo – ¡Por una vez que representábamos un texto contemporáneo!

Adela – Tienes razón. Solo deberíamos representar obras de autores muertos...

Gonzalo – Al menos, no corren el riesgo de que les dé un infarto justo antes de subir el telón…

Adela – Fíjese que, si intentamos ver las cosas de manera positiva, esto podría darle cierta visibilidad al espectáculo...

Gonzalo – ¿Se refiere a que sea cancelado?

Adela – ¡La muerte del autor! Podría generar un poco de revuelo alrededor de la obra. Porque, de lo contrario, admitirá...

Gonzalo – ¿Qué?

Adela – Asistí a algunas de los ensayos... Esta obra es bastante aburrida, ¿no? Además, no entendí, ¿es un drama o una comedia?

Gonzalo (*pensativo*) – No está mal lo que dice sobre Cortina... Y si además lo asesinaron, le da un toque picante a todo este asunto... Podríamos hacer un gran éxito...

Adela – Bueno, tampoco estamos obligados a especificar que encontramos a Cortina con los pantalones bajados en el fondo del inodoro, amordazado con papel higiénico, no es muy glamuroso...

Gonzalo – Podríamos pedirle a Dentadura que nos haga un artículo en Teledrama sobre eso... ¿Cree que aceptará?

Adela – No me puede negar nada. Gracias a mis conexiones en la cámara, le van a dar la medalla de las Artes y las Letras el próximo mes...

Gonzalo – ¿Dentadura? ¿La medalla de las Artes y las Letras? Ella nunca ha escrito nada en su vida excepto artículos asesinos sobre espectáculos que ni siquiera ha visto. ¿Cree que podría conseguirnos la portada de Teledrama…

Adela – Me debe eso.

Salen. Ramírez regresa con Sánchez.

Ramírez – Entonces, Sánchez, ¿cómo va esa investigación?

Sánchez – Vamos despacio, comisario… Acabo de interrogar a los dos espectadores que pagaron, pero al parecer, se equivocaron de sala... Iban a ver una película de arte y ensayo en el cine de al lado…

Ramírez – Bueno, veremos qué pasa con los invitados... ¿Algo más?

Sánchez – También interrogué a la directora del teatro. Una mujer extraña. No tiene móvil, pero bien podría tener un móvil...

Ramírez – Acaba de decirme que no tenía móvil… ¿Cómo podría tener uno?

Sánchez – ¡Un móvil para el crimen! Lo que no tiene es un teléfono móvil.

Ramírez – Vaya... Pero pareces estar pensando en algo, Sánchez... Suéltalo.

Sánchez – Bueno... Todos los teatros de la capital están al borde de la quiebra hoy en día. Y los autores muertos son más baratos...

Ramírez – ¿Más baratos que qué?

Sánchez – Más baratos que los autores vivos...

Ramírez – Pues ya ves, Sánchez, es algo que desconocía.

Sánchez – Usted siempre me ha dicho, comisario, antes de comenzar una investigación, que me hiciera esta pregunta…

Ramírez – ¿A quién beneficia el crimen?

Sánchez – Bueno, en este caso la respuesta es obvia: con Mauricio Cortina pasando de la vida a la muerte, significa que no hay que pagar más derechos de autor...

Ramírez – En resumen, un buen autor es ante todo un autor muerto...

Sánchez – Admita que en estas condiciones, es tentador para una directora de teatro invitar al autor al estreno y luego colgarlo en los baños intentando hacer pasar su muerte por un suicidio.

Ramírez – Sánchez, ya no tenía una opinión muy alta de ti, pero creo que te subestimé. Harás una gran carrera en la policía...

Sánchez – Gracias, comisario, sus palabras me conmueven mucho.

Cristina llega seguida de Madame Rosita, una especie de vieja topo pija, y de Monsieur Juan Pablo, llevando más medallas en su solapa que un general de una república bananera.

Cristina – Disculpe que lo interrumpa, Comisario...

Ramírez – ¿Quiénes son estos dos idiotas? ¿También actúan en la obra?

Cristina – Son los dos espectadores con descuento, comisario... Creo que también quería interrogarlos...

Cristina se va.

Rosita – Buenos días, comisario. Soy la Señora Rosita Lorca, Presidenta de la Sociedad de Autores e Impostores Dramáticos...

Ramírez – Lorca... ¿Y está emparentada con…

Rosita – Es mi antepasado indirecto, sí.

Ramírez – Bravo... Eso le da, de hecho, cierta legitimidad para hablar en nombre de los autores de teatro contemporáneo.

Rosita – Fui invitada a asistir a la creación de la obra del señor Mauricio Cortina. Debe saber que el autor recibió el Premio del Bulevar Periférico por escribir esta pieza.

Ramírez – Un premio que recompensa una comedia de bulevar, entonces...

Rosita – No, el Bulevar Periférico en la capital. Es allí, en el número 13, donde se reúne el jurado del concurso en una de nuestras sucursales, para deliberar en total independencia...

Ramírez – ¿Y dice que el autor recibió este premio por escribir su obra? Pensaba ingenuamente que los premios se otorgaban a obras ya escritas... ¿También se otorga el Nadal anticipadamente a un autor apostando por su genio futuro?

Rosita – Es un poco difícil de entender para alguien no iniciado, lo admito, pero...

Ramírez – ¿Quizás el señor Cortina también era un primo lejano de la familia Lorca?

Rosita – ¡Para nada, Comisario!

Ramírez – Y, exactamente, ¿qué hay que hacer para obtener el Premio del Bulevar Periférico?

Rosita – Bueno... el autor debe postularse de manera anónima, para no reconocer su propia solicitud en caso de que forme parte del jurado de selección...

Ramírez – Una integridad que la honra, querida señora.

Rosita – Luego, el candidato debe especificar el tema de la obra que planea escribir, por supuesto...

Ramírez – Por supuesto...

Rosita – No le ocultaré que, en esta etapa, consideramos algunos temas más dignos de ser abordados que otros, según la idea que tenemos de lo que debe ser el teatro hoy en día.

Ramírez – ¿Qué tipos de temas, por ejemplo?

Rosita – Digamos que, al presentarnos una obra cuya acción tiene lugar en Chechenia, y que presenta a médicos humanitarios sacrificando sus vidas para ayudar a huérfanos afectados por la enfermedad de Parkinson, Mauricio Cortina entendió bien que tenía todas las posibilidades de obtener nuestro beneplácito...

Juan Pablo – Si me permite, Señora Presidenta, se trataba de la enfermedad de Alzheimer...

Rosita – Es cierto, ya no lo recordaba...

Ramírez – Entonces, si entiendo bien, su preferencia va más por los temas un poco serios. Por no decir totalmente aburridos...

Rosita – No, pero también se nos pueden proponer temas más ligeros, como el desempleo entre los trabajadores sin papeles, las violaciones en los barrios o la toxicomanía entre los trabajadores del espectáculo. No somos insensibles al humor tampoco...

Ramírez – Entiendo... Se puede reír de todo, pero entre personas que comparten el mismo sentido del humor...

Rosita – Le presento al señor Juan Pablo del Sindicato de Escritores Asistidos del Teatro... Él es quien preside el Jurado. Seguramente podrá explicarle todo esto mucho mejor que yo...

Juan Pablo – Me presento, Comisario, Juan Pablo Castañuela, Vicecampeón del Mundo de Petanca Española, Portador de las Palmas Académicas y de la Medalla al Mérito Agrícola. Como el autor de teatro más representado en Extremadura, y Presidente de los Escritores Asistidos del Teatro, creo poder hablar en nombre de todos mis colegas autores.

Sánchez – Espere, tomo nota...

Ramírez – Olvídelo, Sánchez. Algo me dice que este testimonio no aportará nada a nuestra investigación...

Juan Pablo – Acabo de enterarme también de la trágica desaparición del señor Mauricio Cortina, y quería decirle que cuando se asesina a un autor de teatro, se está asesinando al teatro...

Ramírez – Por cierto, Juan Pablo. Por cierto.

Juan Pablo – En pocas palabras, Comisario, Mauricio Cortina fue un escritor inmenso, cuya pérdida deja un vacío enorme en el panorama del teatro contemporáneo. ¿Qué digo? Un verdadero agujero negro en medio de nuestra galaxia...

Ramírez – ¿Lo conocía personalmente?

Juan Pablo se pone gafas, saca de su bolsillo una hoja de papel, se aclara la voz, y empieza a leer en tono lírico.

Juan Pablo – Mauricio Cortina nació en una familia modesta de la pequeña burguesía Salmantina. Con su doctorado en literatura del Siglo de Oro, se traslada a Madrid para seguir cursos de arte dramático. Pero comprende rápidamente que su pasión por...

Ramírez – Bueno, Juan Pablo, no es que me aburra, pero tal vez quiera guardar su palabrería para el elogio fúnebre.

Juan Pablo – Estoy listo para responder a todas sus preguntas, Comisario.

Ramírez – Lo que me gustaría saber, Juan Pablo, es si algo en el contenido de esta obra podría haber ido en contra de los intereses o creencias de algún grupo político o religioso, y haber motivado así el asesinato de su autor...

Juan Pablo – ¡Dios mío, no lo creo, Comisario! Estamos acostumbrados a premiar con anticipación obras que no molestan a nadie y que están exclusivamente destinadas a complacer a los generosos donantes que nos subvencionan. ¿Debo señalar, Comisario, que yo mismo soy un gran amigo de la policía?

Ramírez – Pero aun así, estas obras a veces se representan, ¿no?

Rosita – Para ser sincero, muy pocas veces, Comisario. Pero son objeto de innumerables lecturas públicas a las que generalmente solo asisten los miembros del jurado que las han seleccionado...

Esmeralda vuelve con Adela.

Esmeralda – Comisario, acabo de hacer un descubrimiento que calificaría de asombroso.

Ramírez – ¿Asombroso? ¿Siento que me va a hablar de la cocaína que encontré en el tanque del inodoro envuelta en una bolsa de plástico hermética?

Sánchez – ¿Encontró cocaína en los baños, Comisario?

Ramírez – Dado que probablemente no tiene nada que ver con nuestra investigación, pensaba guardarla para mi consumo personal... Pero bueno, también te habría dado un poco para sobornar a tus informantes.

Sánchez – Gracias, Comisario.

Esmeralda – ¡Pero no estoy hablando de cocaína!

Ramírez – ¿De qué nos está hablando entonces, vieja peonza?

Esmeralda – ¡Esta obra es una falsificación, Comisario!

Rosita – ¿Una falsificación?

Esmeralda – ¡Acabo de darme cuenta de que ya escribí una crítica sobre esta porquería hace diez años! Y luego dicen que no hago mi trabajo escrupulosamente...

Ramírez – ¿Qué porquería?

Esmeralda – ¡El día justo antes de la noche! ¡La obra que estaban a punto de representar en este teatro esta noche!

Ramírez – No me diga...

Esmeralda – Peor aún: esta obra lamentable ya había ganado el Premio del Bulevar Periférico en esa época. El falsificador se limitó a cambiar el título. La obra se llamaba originalmente "La noche justo antes del día".

Sánchez – Ah, sí, yo lo encuentro más alegre como título, ¿no, Comisario? Más optimista...

Esmeralda – La obra original fue escrita por un tal Mauricio Cortina.

Ramírez – ¡Pero ese es el nombre de la víctima!

Sánchez – El plagiario debe llevar el mismo nombre que el autor al que plagió. Una homonimia que probablemente facilitó esta usurpación de identidad...

Juan Pablo – ¿No se ha demostrado ya que las obras de William Shakespeare no fueron escritas por él, sino por un escritor fantasma que también se llamaba William Shakespeare...?

Adela – Entonces, el autor que encontramos en los baños sería un impostor...

Ramírez – Probablemente también un cocainómano y un obseso sexual...

Sánchez – ¿Por qué un obseso sexual, Comisario?

Ramírez – Un tipo en calzoncillos en el baño, con las manos atadas detrás de la espalda con cinta adhesiva, un bozal de papel higiénico en la boca y la nariz embadurnada de cocaína... Vamos, Sánchez, ¿a qué te hace pensar eso?

Sánchez – Vaya, pero claro... Los tormentos que usted mismo me hizo sufrir cuando entré en la policía como parte del ritual de iniciación. ¡Bravo, Comisario! Solo usted podría resolver este misterio en los últimos cinco minutos de este espectáculo...

Ramírez – Atención, Sánchez, ¡nada de conclusiones apresuradas! Porque también podría ser una hábil puesta en escena del asesino para llevarnos por un camino falso...

Sánchez – Tiene razón, Comisario...

Adela – Ahora solo queda conocer la identidad exacta de la víctima... Porque esta obra puede ser una falsificación, pero recordemos que también tenemos un cadáver entre manos.

Esmeralda – ¡El plagiario y el plagiado podrían ser padre e hijo! Ya que llevan el mismo nombre...

Adela – ¿Y el padre habría matado al hijo?

Esmeralda – Es muy freudiano... Pero por lo general, es más bien el hijo quien mata al padre, ¿no?

Adela – Algunos padres consideran a sus hijos como una extensión de ellos mismos... y otros como metástasis peligrosas.

Sánchez – ¿Y cuál sería el motivo del crimen?

Adela – El plagiario quizás quiso eliminar al verdadero autor para apropiarse de su obra...

Esmeralda – A menos que el verdadero autor quisiera vengarse de su plagiario.

Ramírez – Entonces nos queda saber si el cadáver encontrado en los baños de este teatro es el plagiario o el plagiado. El original o la copia...

Adela – Perdóname, Comisario, pero todo esto sigue siendo muy inverosímil…

Ramírez – ¿Y por qué dice eso?

Adela – Solo un enfermo mental podría querer plagiar una obra como esta…

Rosita – Les recuerdo que esta obra recibió el Premio del Bulevar Periférico.

Adela – Usted tiene la Medalla del Trabajo y nunca ha hecho nada útil en su vida.

Ramírez – Mi hipótesis es la siguiente: Mauricio Cortina se embolsó el dinero del Premio, y como le faltaba inspiración, se conformó con plagiar la obra de su homónimo, cambiando solo el título.

Adela – O tal vez Mauricio Cortina y Mauricio Cortina son, de hecho, la misma persona. Un autor que quiso ganar dos veces el Premio del Bulevar Periférico con la misma obra…

Ramírez – Y usted, Rosita, ¿no se dio cuenta de nada?

Rosita – No entiendo... Debe ser un error de nuestro sistema informático… Y usted, Juan Pablo, ¿no se dio cuenta de que este texto era una falsificación? ¡Usted preside el comité de lectura!

Juan Pablo – Por supuesto, Señora Presidenta, pero como este comité de lectura decide, de manera totalmente independiente, sobre obras que aún no se han escrito, comprenderá que…

Rosita – ¡Eres un cretino, Juan Pablo!

Juan Pablo – Pero Señora Presidenta…

Rosita – Lo siento mucho, Comisario, pero créame que la Sociedad de Autores e Impostores del Teatro no tiene absolutamente nada que ver con esta estafa. De hecho, nuestros estatutos establecen claramente que no somos responsables de nada…

Ramírez – Por supucsto, querida señora…

Rosita – Creo que es hora de que llame a nuestros servicios legales, Juan Pablo…

Juan Pablo – Para atrapar a este impostor.

Rosita – ¡Pero no, imbécil! ¡Para desvincularnos de nuestra responsabilidad en este asunto!

Rosita se prepara para irse.

Juan Pablo (*con énfasis*) – El teatro es lo que están asesinando.

Adela – La acompaño, Señora Presidenta…

Madame Rosita y Juan Pablo se van.

Sánchez – Ya no entiendo nada, Comisario. Entonces, si Mauricio Cortina y Mauricio Cortina son la misma persona, ¿por quién fue asesinado Mauricio Cortina?

Ramírez – Estamos aquí para descubrirlo, Sánchez… Pero hay que admitir que el misterio se espesa a medida que avanza nuestra investigación…

Mauricio Cortina entra, con una cuerda de cisterna alrededor del cuello, en calzoncillos, con las manos atadas con cinta adhesiva y una bola de papel en la boca.

Mauricio – Mmm…

Ramírez – ¿Quién es este ahora?

Sánchez – ¿Y de qué está hablando? Pero ¡articule, por Dios! ¿Qué está diciendo?

Esmeralda – Creo que para saberlo, habría que quitarle el papel higiénico de la boca.

Sánchez le quita el papel de la boca.

Mauricio – ¿Alguien podría desatarme las manos?

Sánchez corta la cinta que sujeta las muñecas de Mauricio. Adela vuelve y ve a Mauricio.

Adela – ¡Oh, Dios mío! Pero es…

Mauricio – Soy Mauricio Cortina.

Esmeralda – ¡Ah, no! Entonces, también escribí su necrológica en vano.

Adela – Es el autor, Comisario. Finalmente podrá responder a todas nuestras preguntas.

Esmeralda – Ahora queda por saber si nos enfrentamos al verdadero Mauricio Cortina o a un falsificador que ha usurpado su identidad…

Ramírez – Lo comprobaremos de inmediato… Tus documentos, Cortina.

Mauricio suspira pero le muestra sus documentos al comisario.

Mauricio – Ahí los tienes, ¿contento?

Ramírez pasa los papeles a su ayudante.

Ramírez – Verifícame la identidad de este individuo, Sánchez.

Sánchez examina los documentos de Cortina.

Sánchez – Comisario, creo que puedo afirmar que se trata de documentos falsos. Se nota a simple vista. La imitación es bastante burda…

Ramírez – Así que parece que hay dos cortinas…

Mauricio – Por supuesto que son documentos falsos.

Ramírez – ¿Reconoce entonces los hechos? Bueno, eso nos ahorrará tiempo…

Mauricio – ¿Puedo ver su placa de policía, Comisario?

Ramírez – ¡Pero vaya! ¿Quién se cree usted, Cortina?

Mauricio – Soy el autor de esta obra.

Ramírez – Al menos eso dice usted, pero los documentos falsos que tiene en su poder prueban que no es más que un doble del autor…

Sánchez – Un doble Cortina, por así decirlo.

Mauricio – Permítame insistir, Comisario.

Ramírez – Si le divierte… Aquí tiene…

Muestra su placa. Mauricio pasa los papeles a Adela.

Mauricio – Compruébelo usted misma, Directora…

Adela – ¡Pero es una placa de policía falsa! ¡El comisario también es un impostor!

Ramírez – A ver si podemos evitar los comentarios hirientes…

Mauricio – ¡Todos ustedes son impostores! ¡Están actuando en una obra de teatro!

Sánchez – ¿No somos verdaderos policías, Comisario?

Ramírez – ¿Qué es toda esta comedia, Cortina?

Mauricio – Tampoco vamos a hacer un drama de esto…

Ramírez – ¿Sí o no es usted el verdadero autor de esta obra que no se ha representado?

Mauricio – No, pero soy el autor de esta farsa que estamos representando.

Esmeralda – Teatro dentro del teatro ahora. ¿No se ha hecho ya demasiado, no?

Sánchez mira su propia placa de policía.

Sánchez – La mía también es falsa… ¿Qué significa eso, Comisario?

Ramírez – Que eres un títere, Sánchez… Al igual que yo…

Sánchez se descompone.

Adela – ¿Pero cuándo terminará esta comedia, Cortina?

Mauricio – No lo sé, aún no he escrito el final…

Adela – ¡No ha escrito el final!

Mauricio – De hecho, estaba pensando en reescribir el comienzo… De ahí esta resurrección inesperada que, lo admito, puede desconcertar a los personajes que son ustedes…

Ramírez – ¿Desconcertar? ¡Pero Cortina, si ya no hay un asesinato, no hay investigación! ¡Y si no hay investigación, no hay obra de teatro!

Adela – ¡Es una falta de profesionalismo, Cortina! ¡Usted a destrozado esta comedia!

Ramírez – ¡En qué lío nos ha metido a todos, Cortina!

Sánchez todavía trata de creer.

Sánchez – Lo arrestaré, Comisario…

Ramírez – Vamos, Sánchez… ¿Alguna vez has visto a Sherlock Holmes arrestar a Conan Doyle? ¡Tu pistola no es más que un juguete, como la mía!

Sánchez – No permitiré que manche el honor de la policía, Comisario. ¡Verá si mi arma de servicio es un juguete!

Sánchez saca su pistola y dispara a Ramirez.

Ramírez – ¡Socorro, es una pistola de agua de verdad!

Ramírez es perseguido por Sánchez, quien le dispara.

Adela – ¡Pero mira este desastre, Cortina! ¿Qué dirá el público? Usted nos ha metido en esta situación… ¡Es su responsabilidad sacarnos de ella!

Mauricio – ¡Díganme que todo esto es solo una pesadilla y que vamos a despertar!

Esmeralda (*recitando*) – Somos de la misma sustancia que los sueños, y nuestra breve vida termina en un sueño.

Adela – Shakespeare… Él sí que era un autor…

Mauricio – Ya hemos rozado la falsificación, así que si podemos evitar las citas…

Dejando de huir, Ramirez se enfrenta a Sánchez.

Ramírez – ¡Tú lo has querido, Sánchez!

Ramírez saca su pistola y dispara a Sánchez con su pistola de juguete. Sánchez responde con su pistola de agua.

Mauricio – ¿Cómo quieren que me concentre para encontrar un final para esta obra en este alboroto?

Adela – ¡Cortina! ¡Cortina!

Mauricio – ¿Qué pasa ahora?

Adela – ¡No le estoy hablando a usted! ¡Estoy hablando con la acomodadora: Cortina!

Mauricio – ¿Realmente crees que tendremos dinero para comprar una cortina?

Ramírez y Sánchez continúan disparándose entre sí en un alegre caos.

Adela – Bueno, no sé… ¡Al menos un apagón!

Apagón.

Fin

Este texto está protegido por las leyes
relativas al derecho de propiedad intelectual.
Toda copia es susceptible de una condena,
hasta de 300 000 euros y 3 años de prisión.

Febrero de 2024